AF248039

MAIS PRIEZ !..

PAR

L'ABBÉ B. BION,

Chanoine-honoraire de Nevers,
Supérieur de l'Institution Saint-Romain.

> MAIS PRIEZ MES ENFANTS DIEU VOUS EXAUCERA EN PEU DE TEMPS
> MON FILS SE LAISSE TOUCHER

Fac-simile de l'inscription miraculeuse de Pontmain.

TROISIÈME ÉDITION.

CHATEAU-CHINON,
IMPRIMERIE DUDRAGNE-BORDET.
1877.

MAIS PRIEZ !...

(Au profit d'une bonne œuvre.)

MAIS PRIEZ !..

PAR

L'ABBÉ B. BION,

Chanoine - honoraire de Nevers,
Supérieur de l'Institution Saint - Romain.

MAIS PRIEZ MES ENFANTS DIEU VOUS EXAUCERA EN PEU DE TEMPS

MON FILS SE LAISSE TOUCHER

Fac-simile de l'inscription miraculeuse de Pontmain.

TROISIÈME ÉDITION.

CHATEAU-CHINON,

IMPRIMERIE DUDRAGNE-BORDET.

1877.

MAIS PRIEZ !...

I

C'était le 17 janvier 1871.

La France était envahie par les Prussiens, dont l'armée lançait déjà ses avant-postes jusque dans le plus proche voisinage de Laval. — La France était vaincue et à la merci de son farouche vainqueur.

Cependant le petit village de Pontmain, situé sur les frontières du diocèse de Rennes et de Laval, était en émoi. Malgré la nuit tout le monde s'empressait de venir autour de quelques enfants

qui apercevaient dans le ciel un specta-
cle merveilleux.

« C'était une belle grande Dame, qui
« apparaissait, vêtue d'une robe bleue
« parsemée d'étoiles d'or. Un voile
« noir lui couvrait le tiers du front et
« retombait sur ses épaules. Sur la tête
« elle portait une couronne d'or sans
« autre ornement qu'un petit liseré
« rouge. Cette couronne était en forme
« de cône renversé. La figure de la Dame
« était petite, très-blanche, d'une beau-
« té incomparable. Elle avait les mains
« étendues et abaissées, comme on a
« coutume de représenter l'Immaculée-
« Conception. Elle souriait. » (L'*Evén.*
« *de Pontmain.*)

« Aux cris de joie et d'enthousiasme
« des enfants on accourt de tous côtés...
« Dans cette foule émue, attentive, les
« cœurs sont partagés : s'il en est qui
« croient, la plupart doutent ou refu-

« sent toute croyance aux affirmations
« réitérées et constantes des enfants,
« lorsque tout à coup, pendant que se
« chantait le sublime cantique de l'hu—
« milité et de la foi de Marie, le *Ma-*
« *gnificat,* une longue banderolle blan-
« che se développe sous les pieds de la
« belle Dame, et une invisible main y
« trace en grands caractères d'or :
   « MAIS PRIEZ, MES ENFANTS. »
  « D'autres chants succèdent aux pre-
« miers, et aux regards ravis des enfants
« apparaissent de nouvelles lettres qu'ils
« épèlent et répètent vingt fois *à qui*
« *mieux mieux et à qui plus tôt,* et se
« rangeant à la suite des autres, ces let-
« tres achèvent la phrase commencée :
« DIEU VOUS EXAUCERA EN PEU DE
« TEMPS.

  « Un point resplendissant comme un
« soleil avait clos la ligne. Il semblait
« que tout était fini. Mais non ; de

« nouveaux cris de joie éclatent parmi
« les enfants. C'est l'invisible main qui
« reprend son mystérieux travail, et
« l'inscription continuée sur une secon-
« de ligne, se termine par ces émou-
« vantes paroles :
« MON FILS SE LAISSE TOUCHER.

« La foule étonnée priait en silence.
« Cependant une voix entonne le can-
« tique : *Mère de l'espérance.* Et sou-
« dain la belle Dame... élève à la hau-
« teur de ses épaules ses mains aupa-
« ravant abaissées et étendues... avec
« un sourire d'une incomparable dou-
« ceur.

« Mais un peu plus tard quel con-
« traste inattendu ! On avait entonné
« le cantique :

Mon doux Jésus, enfin voici le temps
De pardonner à nos cœurs pénitents,

« et un nuage de tristesse couvrait les
« pieds de la belle Dame. Elle tenait

« entre ses mains, en avant de sa poi-
« trine, une croix rouge portant un
« Christ également rouge et surmon-
« tée d'un écriteau blanc sur lequel se
« détachait en lettres rouges le nom
« de *Jésus-Christ*. Et en même temps
« elle remuait les lèvres et semblait
« prier. »

Nous tirons cette citation du mandement publié par Monseigneur l'Évé-
que de Laval un an après l'événement.
Dans ce mandement, le digne Prélat
raconte les diverses enquêtes sévères
et minutieuses de l'autorité ecclésiasti-
que, bien plus sévère en pareille matiè-
re que ne le sont tous les jurys et tous
les tribunaux civils, même quand il
s'agit de la peine de mort, et *porte ju-
gement* sur la vérité de l'apparition.
(*L'Univers*, 28 fév. 1872.)

Ajoutons qu'au chant du *Parce Do-
mine* qui suivit le cantique « une étoile

« partie de sous les pieds de la Sainte-
« Vierge monta vers la gauche, alluma
« la bougie qui était à la hauteur de ses
« genoux, puis la seconde située vis-à-
« vis de ses épaules. La même étoile,
« s'élevant au-dessus de la tête de l'ap-
« parition, passa au côté droit et alluma
« les deux autres bougies. Ensuite elle
« remonta, franchit de nouveau l'auréo-
« le et alla se placer au-dessus de la
« tête de la Dame, où elle demeura
« suspendue... La Dame étendant les
« mains pendant le chant de l'*Ave maris*
« *stella*, reprit sa première pose, et
« sur chacune de ses épaules apparut
« une petite croix blanche, haute de
« vingt centimètres.

« Pendant la prière du soir, vers l'e-
« xamen de conscience, un voile blanc
« monta lentement, enveloppa jusqu'au
« cou la dame, dont la figure souriait
« encore, couvrit bientôt le visage, puis

« tout disparut. M. le Curé, du fond de
« la grange où il était assis, appela les
« enfants.

« — Voyez-vous encore ? leur dit-il.

« Et tous ensemble :

« — Non, monsieur le Curé, c'est
« tout fini.

« Il était un quart avant neuf heures.

« L'apparition avait commencé à cinq
« heures du soir. » (L'*Évén. de Pont-*
« *main,* 49.)

Ceux qui douteraient du fait n'ont
qu'à lire dans le mandement que nous
avons cité plus haut :

1° Les résultats de l'enquête commencée dès le lendemain par le Vicaire Géné-
ral, l'Archiprêtre d'Ernée et le Doyen
de Landivy ;

2° L'interrogatoire que l'Évêque lui-
même fit subir séparément aux quatre
enfants le jour même où, après leur
première communion pour les uns, et

leur seconde communion pour les autres, tous se préparaient à recevoir dans quelques instants le sacrement de confirmation ;

3° La seconde enquête canonique durant laquelle les enfants furent pressés de questions pendant trois jours ;

4° Les conclusions de la commission de théologiens chargés de soumettre à un examen approfondi « toutes les « questions que l'apparition peut sou- « lever au triple point de vue des for- « mes juridiques, de la certitude philo- « sophique et de la théologie ; » (Mandement.)

5° Les observations faites sur le caractère pieux, droit, sincère, « léger, mais sans malice, des enfants, » qui furent interrogés sous la foi du serment, ainsi que les sœurs et le vénérable Curé de la paroisse ;

6° L'impossibilité d'un concert et

d'une entente préalable, ainsi que l'impossibilité d'une invention due à l'imagination ;

7º Les progrès merveilleux de la dévotion à Notre-Dame-de-Pontmain : (Dans les événements extraordinaires ces progrès, et ce qu'on peut nommer le *sens commun* de l'Église, sont un critérium divin.)

8º La coïncidence merveilleuse de l'apparition avec le départ des Prussiens, qui, dès le lendemain, tiraient leurs derniers coups de canon dans les environs de Laval, trois jours après se repliaient sur la Sarthe et signaient l'armistice et les préliminaires de la paix.

Et s'ils ne sont pas de ces aveugles volontaires dont Notre-Seigneur disait : « Afin que voyant ils ne voient point, » ils croiront facilement.

Pour nous, sans entrer dans de plus

longs détails sur l'apparition, nous ferons quelques réflexions sur les deux premières paroles écrites aux pieds de la belle Dame :

Mais priez.

II

Le ciel, tout en parlant notre langue humaine, se révèle par un style qui n'est pas de la terre. Souvent, dans l'Evangile, les paroles et les réponses du Verbe incarné surprennent et déconcertent nos usages et notre raison. Ainsi, quand saint Pierre interrogeait le Sauveur sur le sort de saint Jean, le Sauveur lui répond : « Si je veux qu'il demeure jusqu'à ce que je vienne, que vous importe ? » *Sic eum volo manere donec veniam, quid ad te ?* (Jo. xxi. 22.) Ainsi, quand Joseph et Marie retrouvèrent Jésus au temple, il leur dit :

« Pourquoi, me cherchiez -vous ? Ne saviez-vous pas que je dois être aux choses de mon Père ? » (Luc. ii, 49.) Et Joseph et Marie ne comprirent pas cette parole. Marie elle-même ne pénétra pas jusqu'au fond de la sagesse divine qui les prononçait, *et ipsi non intellexerunt verbum*. (Luc. ii, 49.) Nous trouvons en mille autres endroits du Nouveau et de l'Ancien Testament des passages qui ont le même caractère, des tournures de phrases, des paraboles, des réflexions dont la coupe n'est pas de ce monde et dont le premier aspect nous semble singulier, bizarre et plus fait pour exciter l'objection de l'incrédule que pour le terrasser sous l'évidence de la raison divine.

Et sans remonter aussi haut, qui n'a été frappé de la singulière réponse de la Sainte-Vierge à Bernadette : « Je suis l'Immaculée-Conception. »

Nous devons faire la même observation pour les deux premiers mots de l'inscription de Pontmain. Quel homme eût jamais commencé une phrase, une phrase solennelle écrite en lettres d'or, par cette conjonction : *mais ?* On dirait une suite que la conjonction relie à ce qui précède, et rien ne précède ; on dirait une réponse, et il n'y a point de demande ; on dirait une explication, une condition, et nous ne voyons rien à expliquer.

Sans doute le bizarre ne constitue pas à lui seul le divin ; mais le divin est accompagné ordinairement d'une simplicité et d'une originalité qui sont le sceau de sa mystérieuse origine. Nous serions entraînés trop loin si nous voulions développer les raisons de ce phénomène surnaturel ; qu'il nous suffise d'en signaler ici les principales.

Dieu en prenant pour toutes ses ré-

vélations le style dont nous parlons,
veut se conformer à sa nature et à la
nôtre. Il est le Maître, et nous sommes
de pauvres créatures ; il est infini, et
nous sommes bornés jusqu'à ne savoir
le tout de rien ; il convient donc à sa
Majesté, à son honneur, de se cacher
en se révélant, *gloria Dei celare verbum* (Pr. xxv, 2.); il doit mépriser la
mode humaine, comme il a méprisé
quand il s'est incarné, le trône et la
pourpre des rois pour choisir la croix
et la crèche, scandale des Juifs et folie
aux yeux des Gentils, *proposito sibi
gaudio sustinuit crucem.* (Heb. xii, 2.),
*Judæis quidem scandalum, Gentibus
autem stultitiam.* (I Cor. i, 23.) C'est
pour cela que la Création, la Rédemp-
tion, la Bible, les Sacrements sont pa-
reils aux apparences derrière lesquelles
Dieu, pour se donner, se cache dans
l'Eucharistie.

Ensuite il ne faut pas oublier que nous sommes dans un état d'épreuve. Les anges n'ont pas été créés hors de l'épreuve, et l'on peut dire qu'il ne convient pas à la sainteté et à la grandeur du Créateur de mettre, en la produisant, une créature libre hors de l'état d'épreuve. Si Dieu agit autrement, ce ne peut être que par exception. Il convient, en effet, qu'une créature libre passe par la voie avant d'être au terme et par le mérite, avant d'arriver à la récompense.

C'est pour cela que Dieu dans ses rapports avec l'homme, doit se placer dans une sorte de clair-obscur, afin que les âmes de bonne volonté aient assez de lumière, et que les aveugles volontaires soient inexcusables ; afin que les premières puissent aimer leur Créateur, en le croyant, à la sueur de leurs fronts, et que les derniers soient punis de leur résistance. *Ut videntes non videant*

De plus, nous sommes des créatures déchues : nous avons depuis le premier péché de nos premiers parents le poison de l'orgueil dans les moëlles de notre âme ; l'*eritis sicut dii* fermente en nous et soulève nos intentions comme le levain fait la pâte. De nos jours, l'orgueil de l'humanité semble vouloir plus que jamais imiter Lucifer et détróner Dieu. Il convient donc que Dieu, dans les révélations de sa miséricorde, se serve du mystère comme d'un remède et nous laisse dans une ignorance médicinale. *Hoc enim veluti pharmaco usus est quia prodest humanitati id nescire.* (Didyme. Alex. de Trin. III. c. xxii.) C'est peut-être pour cela qu'aujourd'hui les apparitions miraculeuses offrent des détails singuliers et jusqu'à un certain point puérils. Citons comme exemple.

les bougies et les croix de Pontmain, la parure et le discours de Notre-Dame-de-la-Salette, la fontaine de Notre-Dame-de-Lourdes et son chapelet, le choix des enfants, etc., etc.

Enfin nous pouvons ajouter que Dieu, en nous parlant d'une manière qui parait excentrique à notre raison, veut nous forcer à recourir aux lumières de ses docteurs et de son Eglise, à polir, par l'étude et la réflexion, le diamant brut qu'il laisse tomber en nos mains. Devant la parole divine le cœur simple est à l'aise, le savant peut travailler, sûr de découvrir toujours derrière les termes et les horizons, *(orizo, je borne)* de l'expression, des cieux plus vastes, et malgré lui l'indifférent étonné doit s'arrêter et dire : on n'invente pas ainsi.

Après ces premières explications générales sur l'originalité divine des détails de l'apparition de Pontmain et sur la singularité des premières paroles écrites en lettres dorées, essayons de comprendre tous les mystères contenus dans ces deux mots : *Mais priez !*

III

Il me semble que ces deux mots, ainsi rapprochés, nous révèlent deux grandes vérités qui dérivent l'une de l'autre :

1° La nécessité ;

2° La puissance de la prière.

Ces deux mots semblent le résumé des devoirs et des droits du chrétien dans les tristes circonstances où languit et agonise la vieille et noble France.

« Certainement, celui qui ne prie pas se damnera et celui qui prie se sauvera.

« Tous les bienheureux, à l'exception des petits enfants, se sont sauvés par la prière, et tous les damnés se sont perdus pour n'avoir pas prié...

« Que tous les prédicateurs dans leurs instructions, que tous les confesseurs au saint tribunal, que tous les auteurs dans leurs livres ne se lassent pas de répéter quelle est l'importance et la nécessité de la prière. »

Ainsi parle saint Liguori *(Imp. de la prière,* ch. 1er*)*, et ses paroles ne contiennent rien d'exagéré. Qu'est-ce que l'homme, en effet, si nous le considérons en lui-même et privé du secours de Dieu ? Est-il une expression capable de traduire le néant de sa puissance ?

Qui donc oserait, quand même il serait armé de toute la science humaine, dire à la terre : Sois féconde ; à la semence : Germe ; au soleil : Fais mûrir la moisson ; au nuage : Arrose nos champs ; aux fléaux destructeurs : Eloignez-vous. Ah ! combien elle est vraie la parole de saint Augustin : « Nous sommes les mendiants de Dieu, *mendi-*

ci Dei sumus. »

« Nous ne pouvons contempler le monde seul des insectes sans en être effrayés ; leur nombre et leur puissance de reproduction sont tellement redoutables, si absolument irrésistibles qu'ils pourraient en quelques jours faire disparaître tout être vivant et nous dévorer comme le souffle brûlant de l'Ange exterminateur.

Nous pouvons à peine dire ce qui modère le mouvement de leur multiplication : exagérez l'action des oiseaux de proie, des guerres intestines, de l'hostilité de l'homme, et toutes ces forces paraissent insuffisantes à dompter ce peuple imperceptible, et l'on se demande quelle barrière l'empêche de renouveler parmi nous les plaies d'Egypte et de nous chasser de notre planète rongée comme les feuilles d'une branche où les chenilles ont filé leur nid. —

Qu'est-ce que le gaz acide carbonique?
Dans l'air que nous respirons, on a
peine à constater sa présence. Et cependant, s'il était enlevé ou si la mer
l'absorbait tout entier, il n'y aurait
plus un brin de gazon sur la terre. En
moins d'une semaine, notre planète
continuerait à rouler dans son orbite
resplendissant à la lumière du soleil,
en étalant les teintes minérales de son
sol, mais elle marcherait dans le hi-
deux silence d'une mort universelle. A
quelle sûre pondération de force, à
quelle délicate action chimique tient le
bail de l'homme sur la terre ! » (Père
Faber.)

Ecoutez les battements de votre
cœur qui envoie aux poumons vivi-
fiants le sang qui a perdu sa force et
aux extrémités de vos membres le
sang purifié ; examinez ces canaux
plus déliés que les fils aériens suspendus

par le vent d'automne aux buissons du chemin ; analysez ce liquide auquel une goutte de plus ou de moins d'humeur fait perdre son esprit vital ; demandez-vous quelle volonté donne au cœur ses pulsations et l'empêche de s'arrêter comme l'horloge dont le ressort est détendu : Qu'une goutte de sang s'extravase, que l'une des soupapes du cœur ralentisse un instant son jeu pour s'ouvrir et se fermer, et l'homme le plus robuste est mort. O Dieu ! combien nous ne sommes rien ! Eh bien ! cette faiblesse n'est qu'une ombre de l'impuissance et du néant de l'homme dans l'ordre moral et surtout dans l'ordre surnaturel.

Dans l'ordre moral, à peine l'homme peut, par ses seules forces, connaître quelques vérités et quelques devoirs obscurcis de plus en plus par des vices grandissants ; à peine s'il peut éviter quelques fautes vénielles.

Dans l'ordre surnaturel surtout il faut prendre à la lettre la parole du Sauveur: *Sine me nihil potestis facere.*(Jo. xv.5). Figurez-vous le monde à l'époque où l'Éternel se repentit de l'avoir fait et ouvrit les cataractes du ciel ; Sodome et Gomorrhe au jour du châtiment ; Paris aux jours sinistres de la Terreur, du pétrole, de la guerre civile et du bombardement... faible image du monde sans la grâce.— Sans la grâce, le monde serait littéralement rempli de ces crimes qui vont s'enfouir au fond des cachots du bagne, et dont les suites traînent le nom du coupable dans la boue du mépris, et son corps incurable et gangrené dans le réduit le plus secret d'un hôpital ou bien sous le couteau de la guillotine. Les crimes connus seraient surpassés ; l'éducation inventerait et raffinerait de nouveaux genres de péchés. Ces péchés seraient suivis d'impénitence, de désespoir, de la haine de tous contre tous et de tous contre Dieu. Saint Augustin nous en donne la raison dans cette parole célèbre : « Il n'est aucun péché commis par un homme que tout homme ne commette si la grâce l'abandonne; *nullum est peccatum quod facit homo et alius homo facere non posset si desit ille a quo factus est homo.* »

Tel serait le monde sans la grâce ; ajoutons : Tel serait le monde sans la prière. Car la condition ordinaire, le canal nécessaire et, pour parler comme les théologiens , le « moyen » d'obtenir la grâce est la prière.

La prière que les Saints ont si bien nommée le « soleil du monde; » (S. Chrysost.) « le lait des enfants, le pain des adultes, le viatique des pélerins; » (Louis

de Gren.) « la clef du ciel ; » (S.Aug.)
« la colonne de l'univers; » (S.Grég. de
Nyss.) « la rosée de la grâce, le germe
de la vertu, » en un mot, « la respira—
tion du chrétien. »

Et de même que la respiration est à
la fois la cause et le signe de la vie, la
prière est dans la société comme dans
l'individu, le signe et la cause de la
grandeur et même de la simple exis-
tence, et sans elle une nation deviendrait bientôt cadavre, ce je ne sais quoi
qui fait horreur à tous et n'a plus de
nom dans aucune langue.

Eh bien ! telle est la leçon que la Vierge de Pontmain nous donne par ces
deux mots : *mais priez*.

Vous me demandez si la fleur que
vous plantez vivra et vous donnera sa
verdure, sa couleur et son parfum ?

— Oui ; *mais* donnez lui le soleil et la
rosée.

— Le malade peut-il guérir ?

— Oui; *mais* procurez-lui le repos et les remèdes.

— L'enfant qui fait votre joie vivra-t-il ?

Oui; *mais* donnez-lui l'air pur à respirer, le lait de sa nourrice, la nourriture des forts.

Dans les exemples que nous venons de citer, le *mais* est bien absolu, mais le *oui* ne l'est pas toujours. Dans l'ordre de la vie chrétienne, l'un et l'autre sont également vrais.

— L'homme déchu peut-il, par ses forces naturelles, connaître tous ses devoirs, réveiller sa conscience et en suivre les lois, éviter un seul des crimes possibles à l'humanité ?

— Non.

— Peut-il cependant pratiquer la chasteté, le dévouement, parvenir à la vertu et au ciel ?

—Oui ; *mais* qu'il prie.

—La France peut-elle, par les forces naturelles de ses grands hommes, par les ruses de sa politique, par la proclamation des immortels principes, par l'invention de canons nouveaux, par la gratuité de l'instruction obligatoire et laïque, par les réformes de ses vêtements et de ses lois, redevenir ce qu'elle était ?

— Non, car le mal est au cœur.

— Faut-il abandonner toute espérance ?

— Non ; *mais priez !*

IV

La prière, condition essentielle de salut : c'est la première leçon que nous donne la Vierge de Pontmain. Déjà Notre-Dame-de-la-Salette avait adressé aux enfants cette question :

— Faites-vous bien votre prière, mes enfants ?

—Non, madame, pas guère, avait répondu Maximin.

— Oh ! mes enfants, il faut bien la faire, avait ajouté la Reine du ciel.

Marie nous répète cette exhortation, et pour nous mieux engager à prier, Elle commence par nous donner l'assurance du succès de notre prière.

« Mais priez ! »

C'est comme si, répondant a une demande, Elle disait oui.

Oui, quelque grande que soit votre désolation, quelque profond que soit votre mal, je vous guérirai. Quelque nombreux que soient vos désirs, je les exaucerai s'ils vous sont utiles, *mais priez !*

Eugène Barbedette de Pontmain, le premier qui vit l'apparition, avait bien compris le sens de ce *mais* et de ce *oui* sous entendu.

« Je priais, répondit-il, pour obtenir que mon frère ne reçût pas un mauvais coup, pour obtenir la paix, le départ des Prussiens et le retour de la tranquillité. »

« Il sentit alors qu'il était exaucé. Tous les assistants dirent : « La guerre va finir ; nous aurons la « paix. »

« — *Oui*, dit l'enfant ; *mais* priez.

« Et il fit ainsi comprendre à tous le sens de ce mot qui avait paru extraordinaire. » (*Evénements de Pontmain*, 38.)

Les deux mots *mais priez*, même en les séparant de la promesse qui les suit et qui dans l'ordre grammatical, devrait les précéder : « Dieu vous exaucera en peu de temps, » sont la traduction de la promesse évangélique : « En vérité, je vous le dis, tout ce que vous demanderez à mon Père, en mon nom, vous l'obtiendrez. » En d'autres termes : Vous obtiendrez tout, *mais priez !*

C'est pour cela que Voltaire a dit :

« Tous ceux qui ont voulu bouleverser le monde ont commencé par en bannir la prière. »

La prière peut, en effet, se nommer, comme la Sainte Vierge, une toute-puissance à genoux. *Omnipotentia supplex.*

« Dieu, dit un Père de l'Eglise, n'était pas obligé de nous promettre, mais nous ayant promis, il est devenu notre débiteur, *promissor Deus debitor factus est.* Oui, nous avons, en justice, droit sur Dieu, un droit qui vient de lui, il est vrai, mais un droit réel, qu'il ne peut nous ravir sans renoncer à son serment et à sa divine sagesse. Dieu ne nous ordonnerait pas de demander s'il ne voulait nous donner, *non hortaretur ut peteremus nisi dare vellet.* » (Saint Augustin, *De Verbo Domini,* 29.)

Sans doute, pour que le succès de notre prière soit *infaillible,* il faut qu'elle soit faite avec attention, humilité, confiance et persévérance ; il faut qu'elle soit faite en vue du salut éternel, car si nous renversons l'ordre divin, si nous préférons la terre au ciel, le bien-être à la vertu ; si nous voulons faire de Dieu, non pas notre fin dernière, mais le *moyen* d'obtenir un avantage terrestre que nous préférons à lui, Dieu ne pourrait nous exaucer que par châtiment, *multa negat propitius quæ concedit iratus*. (Saint Augustin, *Tract*.73.)

Sans doute Dieu ne doit pas exaucer, à notre premier signal, tous nos désirs, même légitimes, d'une manière visible, et pour ainsi dire miraculeuse ; il doit concilier sa gloire et sa bonté : il doit, pour cela, toujours exaucer une prière humble et persévérante, mais ordinairement il doit l'exaucer d'une manière presque insensible. Autrement où serait notre foi? où serait notre mérite ? Que deviendrait le miracle, ce signe de l'action de Dieu? Si le miracle passait à l'ordre du jour de notre volonté et cessait d'être extraordinaire, serait-il un miracle?

Sans doute encore, Dieu en promettant sa grâce à la prière ne nous dispense pas du combat, ni même toujours de la tentation, parce qu'il vaut mieux pour nous vaincre notre ennemi et profiter du combat pour fortifier notre humilité et nous faire sentir le besoin que nous avons de Dieu, *faciet cum tentatione proventum.* (I. Cor., x, 13.) A plus forte raison, il ne dispense pas de la lutte et de l'effort ceux pour lesquels nous prions. Mais la parole du Sauveur n'en est pas affaiblie : tout ce que nous demandons en son nom nous sera toujours accordé. « Oui, lors même que l'homme est pécheur, dit saint Thomas, s'il prie dans un bon désir et avec les conditions requises, Dieu, quoiqu'il ne soit pas tenu de l'exaucer en justice, l'exauce par miséricorde. *Orationem vero peccatoris ex bono naturæ désiderio procedentem. Deus audit non quasi ex justitia, quia peccator non meretur, sed ex pura misericordia, observatis tamen quatuor præmissis conditionibus.* » (2ᵃ 2ᵃᵉ , q. 83, a. 16.)

Oh ! ne devons-nous pas, quand nous y réfléchissons, être accablés de notre grandeur ? Nous prions, et le ciel s'ouvre, les saints y sont glorifiés, les anges en descendent, le purgatoire tressaille de bonheur ; Dieu se penche pour compter les battements de notre cœur et les recueillir comme un avare ses trésors. A chacune de nos prières, si nous le voulons, quelque juste est affermi, quelque pécheur reçoit le remords et la grâce du repentir, quelque apôtre sent se développer le germe de sa vocation, quelque agonisant obtient la faveur suprême et décisive d'une dernière absolution et passe, pour ainsi dire, de l'enfer au ciel. « Quand je suis là, tout seul dans ma prière, disait un saint religieux, il me semble que je participe à la charité immense du Dieu auquel mon âme est unie. Je retrouve, dans mon souvenir, les êtres aimés que je laissai dans le monde : mon père, ma mère, mes sœurs, mes amis, et je demande à Dieu dont il me semble que je tiens la main, de les bénir et de faire pour eux bien autre chose que j'aurais pu faire moi-même, si je ne les avais pas quittés…. Je vois l'Eglise, que j'aime tant, passer tout entière devant moi ; je vois le Pape avec sa couronne d'autorité et sa couronne d'épines,…… le monde avec ses périls, ses scandales et les âmes qu'il dévore ; je vois la patrie dont j'aime les gloires ; je vois les mourants dont la dernière minute est

une agonie, c'est-à-dire un combat terrible et décisif entre le ciel et l'enfer ;
je vois les morts, et ma prière tombe,
comme une douce rosée, sur les flammes du purgatoire. Nous pouvons accomplir à la lettre le conseil du poète à
sa fille :

Comme une aumône, enfant, donne donc la prière,
Donne au pauvre, à la veuve, au crime, au vice
                           ] immonde ;
Fais en priant le tour des misères du monde.
Donne à tous, donne aux morts ! Enfin, donne
                         ] au Seigneur !

O puissance de la prière, vous ne serez connue que dans le ciel !

Au milieu des assauts multipliés du
démon et d'une chair imprégnée de péchés et de séductions, enivré de ces âcres saveurs de la concupiscence qui,
pour moi, donnent au mal le goût du
bonheur, et me portent au péché de toute l'ardeur qui me porte au plaisir, puisje espérer la victoire et la vertu ?

— Oui, *mais priez*.

— Pauvre pécheur, traînant, comme le forçat traîne son boulet, la chaîne toujours plus pesante et plus longue de mes iniquités, puis-je trouver la force et le salut ?

—Oui, *mais priez*.

— Pauvre affligé, rivé, pour ainsi dire, à ma croix sanglante, toujours baigné de mes larmes et, douleur plus amère ! des larmes de ceux que j'aime ; toujours penché sur la pente abrupte du murmure et du désespoir, puis-je obtenir la force de gravir mon calvaire et de répéter avec Jésus : « Mon Père, que votre volonté soit faite; mon Père, pardonnez-leur ? »

— Oui, *mais priez*.

— Pauvre Monique inconsolable, j'ai versé plus de larmes pour enfanter mon fils à la vertu que pour le mettre au jour. J'ai vu mon Augustin éteindre

dans les fumées de l'orgueil et de l'or-
gie l'amour de son Dieu et jusqu'à l'a-
mour de sa mère ; puis-je compter sur
la parole de Saint Ambroise : « Il est
impossible que le fils de tant de larmes
périsse ? »

— Oui, *mais priez*.

— La France, mutilée par les hordes
ennemies, qui a sur sa tête et son cœur les
pieds sales et lourds du vainqueur bar-
bare, la France qui, à travers ses hail-
lons déchirés, sent glisser jusqu'au fond
de ses chairs nues et de ses plaies les
regards insolents de la brutalité rail-
leuse, peut-elle reprendre son rang et
sa gloire ?

—Oui, *mais priez*.

— La France infidèle, la France qui
a couronné ses apostasies et renoncé
au Christ, la France énervée par le luxe
souillée par le blasphème, peut-elle espérer le pardon ?

—Oui, *mais priez*.

—L'avenir qui s'annonce terrible pour Rome et la Patrie, peut-il nous apporter le salut et la paix ?

—Oui, *mais priez*.

V

Toujours infailliblement efficace pour les choses nécessaires ou utiles au salut des individus qui prient, la prière nationale, c'est-à-dire faite par une nation et par ceux qui la représentent, doit obtenir des effets plus visibles et plus immédiats. Il est vrai que Dieu doit toujours rester Dieu pour nous, et cacher ordinairement le mode et le temps de son action; mais il est vrai aussi que, pour les nations, la vie future n'existe pas : Dieu ne peut réserver pour elles, à l'agonie des grâces, et au ciel des récompenses.

La prière nationale doit donc obtenir des résultats temporels. De plus, la prière nationale est une prière publique, une prière solennelle, et ce sont là trois motifs d'efficacité plus grande.

Les paroles de la Sainte-Vierge *mais priez !* dans les circonstances ou elles nous furent adressées, me semblent une preuve nouvelle de la puissance de la prière. Abraham intercédant, pour Sodome, et pressant le Seigneur jusque dans les derniers retranchements de sa miséricorde ; Moïse forçant le Seigneur à lui dire : « Laissez-moi, *dimitte me,* » prouvent moins l'efficacité de la prière que ces deux mots : *Mais priez !*

Songez à l'heure où cette parole fut écrite, dans le ciel, en lettres d'or; songez à l'abîme de boue et de sang dans lequel râlait notre Patrie agonisante. Les lamentations de Jérémie n'ont pas de gémissements trop lugubres ni de sanglots trop déchirants pour la France de 1871.

« La *Reine des Nations a été désolée* comme une veuve ; la *Princesse* des provinces *a été réduite à payer tribut.* Elle a pleuré, pleuré encore dans la nuit, et ses amis sont devenus ses ennemis......La fille de Sion a perdu sa beauté, *et ses chefs sont comme des béliers sans pâturages*, et ils ont fui sans force devant un regard de l'ennemi. Tous ceux qui l'estimaient l'ont méprisée, parce qu'ils ont vu son ignominie : elle-même, en gémissant, a détourné son visage. Ses souillures ont paru à tous les yeux, et *elle n'a point pensé au sort qui l'attendait.* »

« O vous tous qui passez par le chemin, considérez et voyez s'il est une douleur semblable à ma douleur ? Mon ennemi m'a dépouillée comme une vigne qu'on vendange. Du haut des cieux le Seigneur a envoyé, pour me châtier, *un feu qui a pénétré d ns la moëlle de mes os.* Il a résolu de ren ers r les murs de Sion : *la fille de Sion n'a plus de loi, et ses prophètes ne sont plus inspirés;* les vieillards, assis sur ses ruines, gardent un morne silence..... « Où est le blé ? où est le vin ? » disaient les enfants à leurs mères. A quoi pourrai-je vous comparer, ô fille de Sion ? *Vos prophètes n'ont eu que de fausses visions;* ils ne vous montraient pas vos crimes pour vous exciter à la pénitence ; *ils n'ont eu pour vous que de mensongères défaites et de fausses victoires.* Ceux qui passaient ont sifflé et remué la tête en disant : « *Est-ce là cette ville magnifique, la joie de la terre?* Comment l'or pur s'est-il terni ? Comment les *pierres du sanctuaire ont-elles été dispersées?* » Ceux qui prenaient leurs repas sur des lits de pourpre n'ont eu pour table , et pour lit, que les fumiers. C'est que l'iniquité de la fille de mon Peuple a surpassé le péché de Sodome.

« Jérusalem, Jérusalem, convertissez-vous au Seigneur votre Dieu ! » (Lamentations de Jérémie).

O France, est-ce de toi ou de la cité des Juifs que parlait Jérémie ?

Eh bien ! c'est à l'heure où tu retraces l'image de Jérusalem infidèle et châtiée ; c'est à l'heure où tes enfants s'apprêtent à tourner contre toi l'incendie, comme si tu n'étais pas même une victime digne du feu qui dévora Gomorrhe ; c'est à l'heure où tu as tout perdu, même l'honneur, que ta Reine apparaît et nous dit :

« *Vous serez exaucés en peu de temps ; mon Fils se laisse toucher;.....* MAIS PRIEZ ! »

Eh ! quoi donc, l'aveugle reviendrait à

la lumière, les morts reprendraient vie ?

Quoi, la lèpre qui carie déjà les os pourrait disparaître ? Quoi, la foudre déjà lancée reviendrait sur elle-même ou s'éteindrait dans le vide ? Amalec, déjà vainqueur, verrait fuir ses étendards honteux et dispersés ? Holopherne, ivre d'orgueil et de vin, s'arrêterait devant une femme ? La Mer Rouge ouvrirait devant Israël ses flots protecteurs ? Quoi, Ninive serait épargnée, Babylone échapperait à Cyrus, et Sodome verrait s'arrêter la nuée conduite par l'Ange exterminateur ? Quoi, Judas trouverait le pardon, Pilate réparerait sa faute, le Juif déicide se convertirait ?

—Oui, tout est possible, *mais priez*.

— Et l'on verrait, avec le royaume de Dieu, revenir la paix et le bonheur, et, avec la justice, le reste *nous serait ajouté par surcroit* ?

Oui, *mais priez*.

VI

Contre la recommandation de Jésus et de Marie, l'incrédulité fait bien des objections qui ébranlent parfois la confiance et la croyance du chrétien.

Les uns disent, dans leur suffisance : « Dieu ne sait-il pas ce qui nous manque ? » Assurément ; mais Dieu a résolu de ne l'accorder qu'à nos prières, comme il n'accorde qu'à la sueur de notre front le pain matériel, et aux remèdes de la science la guérison du corps. Il a agi ainsi par *dignité*, afin de toujours rester Dieu, même alors qu'il promet de nous servir ; par *nécessité*, parce qu'il ne peut dispenser personne du devoir de l'adoration de l'humilité, de la confiance ; par *bonté*, parce qu'il veut entretenir avec nous un commerce d'affection que notre cœur ingrat, s'il n'avait pas, d'un côté, le besoin de Dieu, et, de l'autre, la confiance en Dieu, déserterait bientôt, comme le mendiant enrichi délaisse la maison du bienfaiteur. Si donc, ici-bas, « bien des choses nous manquent, c'est afin que Dieu ne nous manque pas. » (Madame Swetchine.) La nécessité de la prière est un des plus grands bienfaits de Dieu.

D'autres disent que la prière ne peut changer les décrets de la Providence. Saint Thomas répond : « Nous ne prions pas Dieu pour changer l'ordre divin, mais pour obtenir les choses que Dieu a promises à la prière. » « Nous prions, dit saint Grégoire (*Dialogues*, I, 8), pour mériter de recevoir ce que Dieu a résolu de nous accorder, si nous le prions. » « De même qu'il a résolu de ne donner qu'à nos travaux le vin et le blé, il a résolu de ne donner certaines grâces qu'à nos prières. Le laboureur qui travaille va-t-il contre l'ordre de la Providence ? Le vigneron, dans son labeur, va-t-il contre les lois de la nature ? Non ; au contraire il se range sous ces lois. Ainsi en est-il de la prière, qui est, dans l'ordre providentiel, la première des lois. » (Saint Thomas, I^a II^{ae}. q. 83, 2.)

D'autres encore objectent, en ricanant, que la Providence passe à l'ordre du jour et que Dieu est pour les gros trésors et les gros bataillons. L'histoire est pleine de faits contraires, depuis Gédéon et les Machabées jusqu'à Jeanne d'Arc. D'ailleurs, il est facile de répondre que Dieu veut que nous joignions la prière à l'action. « La terre fait germer les plantes, l'air les nourrit, le soleil les vivifie ; mais si vous ne cultivez votre champ, la récolte vous fera défaut. Pourquoi ? Parce que la nature ne fait pas ce que vous pouvez et ce que vous devez faire. De même Dieu féconde, arrose et vivifie dans nos âmes la semence du salut ; mais s'il nous donnait la moisson sans notre concours, sa grâce deviendrait un poison funeste qui nous plongerait dans une torpeur mortelle. Dieu ne fait pas ordinairement ce que nous pouvons et ce que nous devons faire. « Aide-toi, nous dit-il, et je t'aiderai. »

La grande objecton est ordinairement tirée de l'inutilité de nos prières. « Mais priez, nous dit le ciel. — J'ai prié, répondons-nous, et je n'ai rien obtenu. Les neuvaines particulières et solennelles ont succédé aux neuvaines, l'Assemblée nationale a *voté* des prières publiques, les pèlerinages ont suivi les pèlerinages, et qu'avons-nous gagné ? »

Première réponse. — Avons-nous réellement, ou plutôt la France a-t-elle réellement prié ?

Prier, c'est invoquer Dieu, c'est ap-appeler Dieu en soi. *Deum invocar^e id est in se vocare Deum.*

Nous avons prié comme les païens, quand ils s'adressaient à Mercure, à Vénus et à Jupiter. Nous avons deman-dé la victoire bien plus que la vertu, les richesses bien plus que la grâce, le bien-être pour mieux pécher bien plus que le repentir de nos crimes. Quand je dis *nous*, je parle principalement des priè-res officielles.

Prier c'est s'humilier, avoir confiance, et par conséquent se résigner. Nous avons parlé à Dieu comme s'il était no-tre valet ; nous avons murmuré contre les délais de la sagesse et de la justice divines, et notre persévérance a faibli aussi vite que le courage de nos armées après une première défaite.

Sans doute l'Assemblée a voté des

prières, et au lendemain de la Commune, en présence de l'audace éhontée d radicalisme athée, un tel vote n'est pa sans valeur. Chez un agonisant, le moindre souffle est un signe de vie et d'espérance. Mais sommes-nous descendus assez bas pour être fiers d'une telle démarche. En réalité, nous avons mis Dieu en question ; non-seulement la France ne s'est pas jetée aux pieds du Christ qui aurait pardonné la coupable, mais elle n'a pas osé prononcer publiquement, avec amour, le nom de Jésus, et Dieu même a été mis aux voix. Nous en sommes venus à nous consulter pour résoudre ce problème que pas une seule nation païenne ou sauvage, jusqu'à présent, n'avait regardé comme difficile ou douteux. Sérieusement, solennellement nous avons jeté dans l'urne du scrutin cette alternative : Faut-il prier Dieu ? » c'est-à-dire : « La

France est-elle devenue le peuple le plus impie que le monde ait vu depuis six mille ans ? » Nous avons pris rang au-dessous de Robespierre proclamant l'Être suprême, l'immortalité de l'âme et instituant des fêtes.

Et après cela osons-nous bien être fiers, nous dresser et dire à Dieu : « J'ai prié. Pourquoi ne m'avez-vous pas écoutée, moi la France ! .....

Deuxième réponse. — « Dieu ne doit pas exaucer les prières de la manière que chacun le veut. S'il en était ainsi personne ne souffrirait, personne ne mourrait, personne ne serait vaincu, car tout le monde implore la victoire, la santé, le comble des biens. Sous un tel régime les hommes gouverneraient le monde et Dieu serait gouverné, et le miracle serait la loi. »

Il est nécessaire que Dieu garde son rang tout en abaissant jusqu'à nous sa tendresse. De même qu'il doit pour sa gloire et pour la perfection de notre foi, et pour l'épreuve de notre amour, se cacher derrière le voile des saintes espérances dans l'Eucharistie, de même il doit ordinairement se montrer en se cachant derrière le mystère d'un refus apparent, dans le secret d'une protection et d'un secours presque invisible, dans les ténèbres d'un délai qui concilie sa grandeur avec l'humilité et la confiance d'une prière persévérante. Il nous suffit, ô mon Dieu, c'est déjà bien assez pour de vifs pécheurs comme nous, il nous suffit de savoir que la prière est la *seule chose du monde qui ne se perde jamais,*

Ne t'inquiète pas du chemin qu'elle prend :
. . . .
L'aigle vole au soleil, le vautour à la tombe, j
L'hirondelle au printemps et la prière au ciel.

Troisième réponse. — Comme la nature qui ne fait pas, quand il s'agit de nourrir l'homme et de reproduire les moissons, ce que l'homme peut et doit faire, Dieu veut que nous joignions à son secours toutes nos forces. Il n'écoute pas la témérité coupable et présomptueuse et ne fait pas de miracle en faveur de l'orgueil paresseux.

Quatrième réponse. — Souvent nous sommes exaucés précisément par ce que Dieu nous refuse ce que nous demandons. « Quand le malade sollicite des choses qui doivent lui nuire, le médecin refuse sa volonté pour lui donner la santé. (Saint Augustin in Joan., *Tract*. 73.) A saint Paul Dieu refusa la délivrance de la tentation pour lui donner la force de combattre et la grâce de vaincre la tentation. »

Un exemple assez récent nous le prouve.

Lorsque le gouvernement de la Défense nationale faisait manœuvrer l'armée de la Loire autour d'Orléans, lorsque Garibaldi devenait de plus en plus dictateur, la France priait et demandait la victoire. Que de messes et de neuvaines, que de larmes et de sang ! Que de généreux sacrifices pour obtenir enfin, dans cette dernière lutte, un succès ! Eh bien, si Dieu nous avait pris au mot, si nos maîtres impies et révolutionnaires du 4 septembre avaient eu la gloire de ce triomphe que nous sollicitions avec instance : s'ils avaient pu dire : « Nous avons sauvé la patrie ! Nous avons droit à gouverner ceux que nous avons délivrés !..... » O ciel ! où en serions-nous ? et qui pourrait y penser aujourd'hui sans frémir ?

Cinquième réponse.—Elle est une suite de la précédente.—Est-il vrai que nous n'ayons pas été exaucés ? Le malheur qui nous a un peu éclairés, purifiés, réveillés, ne vaut-il pas mieux que la sécurité malsaine qui, chaque jour, nous enfonçait dans l'abîme et la corruption ? Ne vaut-il pas mieux avoir été châtiés que réservés à une mort sans espoir de résurrection ? N'y a-t-il pas eu, en France, durant six mois, plus d'héroïsme et de vertus que durant vingt ans d'empire ? Combien peu s'en est-il fallu que la Commune, victorieuse de l'armée de l'ordre, ne soit devenue maîtresse de la France entière ? A bien réfléchir sur les préparatifs formidables et sur les puissants moyens de destruction organisés dans Paris, n'est-ce pas une sorte de miracle que Paris existe encore, et surtout qu'il existe presque intact ?

Oh ! ne soyons pas ingrats envers la Providence et reconnaissons au moins ses bienfaits.

D'ailleurs rappelez-vous tous les crimes de notre pays, les blasphémes vomis chaque jour par les cent mille bouches de la presse, la profanation scandaleuse du dimanche, l'athéisme dans les lois et la politique, la révolution dans la rue et au foyer domestique, la corruption croissante, la statue de Voltaire dressée comme un défi sacrilége à celui que Voltaire nomma *l'infâme*, l'hypocrite proclamation de ces principes de nationalité, d'unité, et de non-intervention, alors qu'il s'agissait de protéger les usurpateurs sacriléges des domaines de l'Eglise, le luxe et l'égoïsme sans frein, l'art et le théâtre devenus les suppôts de l'enfer ; ramassez tous ces forfaits *nationaux*, mettez-les dans le plateau d'une balance, et dans l'autre mettez les prières *nationales*, et dites-moi si l'efficacité de ces prières n'a pas été déjà merveilleuse et si nous avons le droit de nous plaindre de ne pas être traités selon nos mérites ?

IIV

C'était grand jour de réception au palais de l'Alcazar.

Tous les grands d'Espagne, tous les ducs, tous les comtes, tous les barons de Flandre ou de Brabant, tous les capitaines et tous les amiraux de cette royauté sur laquelle le soleil ne se couchait jamais, en un mot, les plus nobles *hidalgos* de la terre se promenaient fièrement dans les couloirs et dans les antichambres.....

Qu'attendaient-ils donc tous ces seigneurs dont quelques-uns étaient maîtres de royaumes aussi grands que l'Europe ?.... Il était déjà dix heures du matin et le ministre Ximénès n'avait encore reçu personne, et à toutes les questions qu'on leur faisait les valets et les officiers du ministre répondaient invariablement : « Monseigneur le Ministre est dans son oratoire. »

— Dans son oratoire ! s'exclama le le jeune duc della Rotta, qui revenait du Mexique,..... Dans son oratoire ! reprit-il encouragé par l'approbation qu'il lisait dans les regards de tous. Mais à quoi donc pense Monseigneur le Cardinal? Ne sait-ils pas qu'il fait attendre les premiers gentilshommes d'Europe, les vainqueurs et les rois du monde? Prier en un pareil moment ! Ne trouvez-vous pas, comme moi, messeigneurs ?...

Au même instant la portière de lampas historié d'or se souleva avec lenteur, et un moine de haute et austère mine, un dominicain, familier de Ximénès, apparut, et s'adressant au jeune duc :

— Monseigneur, dit-il, laissez prier le cardinal Ximénès ; car, apprenez-le monseigneur, prier c'est gouverner.

Et, sans se laisser déconcerter par les regards hautains que lui lançaient tous les seigneurs, le moine continua :

— Prier, c'est se tenir avec Dieu au-dessus de la terre ; c'est monter sur le Sinaï comme Moïse et contempler de là, avec un regard plus profond, les misères et les besoins des peuples ; prier, c'est descendre au fond de sa conscience pour y découvrir, en la sondant, les secrets de la conscience universelle ; prier c'est se juger sous le regard de Dieu, c'est s'exciter à bien remplir sa tâche et acquérir des forces pour mener vers le bien et le bonheur les hommes que Dieu vous a confiés.

« Jeune homme, laissez prier le cardinal Ximénès ! »

VIII

Dans la prophétie de Blois il y a un verset remarquable, qui semble se rapporter à l'époque de transition où nous sommes.

« Il y aura, dit la prédiction, un moment où l'on cessera de prier et où l'on dira : « Les choses vont rester comme « elles sont. »

Prenons garde, les mêmes causes produisent les mêmes effets, et les mêmes causes durent encore. Avant la guerre désastreuse de 1870, ces causes étaient : l'orgueil, le culte du veau d'or, l'immoralité, le péché de l'ange, le péché de l'homme et le péché de la bête ; les sociétés secrètes et l'internationale ; la licence effrénée de la presse ; l'athéisme législatif ; l'hypocrisie, dont les actes cachés démentaient les paroles, et dont les serments doubles et contradictoires laissaient les honnêtes gens indécis entre le serment des lèvres et le serment du cœur ; le mépris de toute autorité paternelle, sociale, religieuse et divine ; le système de la bascule toujours penchée vers le mal, plus audacieux que le bien ; la ruine et l'abâtardissement de la famille.....

Hélas ! le nom du gouvernement a pu changer, mais les mœurs sont les mêmes.

Vigilate et orate ! Veillons et prions !

Donnons à notre prière les conditions indiquées par les bougies mystérieuses allumées autour de la Vierge de Pontmain.

Que notre prière soit *universelle et nationale*, comme l'indique ce nombre *quatre*, qui est le signe de l'universalité des choses créées : que cette prière vienne des *quatre* points cardinaux.

Que notre prière soit faite avec foi. Demandons notre conversion avant de solliciter la victoire.

Que notre prière soit pleine d'humilité. Le langage du pharisien est aussi ridicule qu'il est impolitique.

Que notre prière soit persévérante.

Que notre prière soit remplie de confiance; et Dieu nous exaucera en *peu de temps*. Déja la Reine du ciel et de la France a répondu à tous nos vœux :

CHATEAU-CHINON
IMPRIMERIE DUDRAGNE-BORDET.